PROJET DE LA CONSTITUTION FRANÇAISE DE 1791

NOTES

MANUSCRITES ET INÉDITES

DE

ROBESPIERRE

CONSERVÉES DANS LA BIBLIOTHÈQUE

De M. le Dr BERTRAND-GOYRAND à Aix

et publiées par les soins

du Dr Em. TARDIF

AIX
ACHILLE MAKAIRE, IMPRIMEUR-LIBRAIRE
2, rue Thiers, 2
1891

NOTES MANUSCRITES ET INÉDITES

DE ROBESPIERRE

NOTES

MANUSCRITES ET INÉDITES

DE

ROBESPIERRE

CONSERVÉES DANS LA BIBLIOTHÈQUE

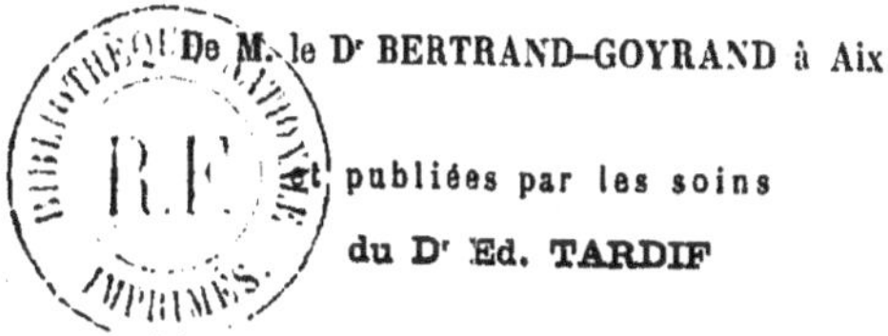

De M. le Dr BERTRAND—GOYRAND à Aix

et publiées par les soins

du Dr Ed. **TARDIF**

AIX
ACHILLE MAKAIRE, IMPRIMEUR-LIBRAIRE
2, rue Thiers, 2
—
1894

DE ROBESPIERRE

I. — Authenticité du document.

L'authenticité du manuscrit que nous livrons aujourd'hui à la publicité, est établie par des preuves qui la rendent incontestable. Ce manuscrit consiste en notes marginales écrites de la propre main de Robespierre sur quelques-uns des feuillets du projet de constitution présenté à l'Assemblé Nationale en 1791.

L'état du document est parfait, grâce à la reliure moderne qui en soutient les feuillets. Toutefois les pages 41 et 42 ont été perdues ; la première page, qui formait autrefois la couverture, a été doublée et recollée contre les autres pages, dont elle s'était détachée par l'usure.

Nous lisons sur un des feuillets de la garde de la reliure :

« *Exemplaire recueilli des papiers de Robespierre et annoté par lui. — Acheté par M. Philippe Lebas, bibliothécaire de la bibliothèque de la Sorbonne, de l'Institut.*

Le catalogue de ses livres a été vendu en décembre 1860. »

Nous avons trouvé en outre, entre les feuillets du document, une fiche mobile de classification. Cette fiche porte imprimé le n° 171 avec cette réclame :

« *A. Aubry, libraire, 16 rue Dauphine, Paris. — Rédaction de catalogues. — Vente de livres aux enchères.* »

Au-dessous se trouve cette inscription manuscrite :

« *Bibliothèque de M. Victor Fouche~. Vente du 6 ~vril 1866.* »

Le document se trouve actuellement dans la bibliothèque de M. le docteur Bertrand-Goyrand, rue du 4 septembre, 15, à Aix-en-Provence.

Pour nous assurer de la vérité des renseignements qui se trouvent sur la garde de la reliure, nous avons comparé consciencieusement l'écriture des notes marginales en question avec un fac-simile d'autographe de Robespierre ; les deux écritures sont identiques, et cette comparaison suffit à elle seule pour garantir l'authenticité du manuscrit qui nous intéresse.

Ce manuscrit ne peut être l'œuvre d'un faussaire, car il contient de nombreuses ratures, et on voit, par le style des notes et les fréquentes coupures des phrases, que l'auteur a voulu jeter, comme à la hâte, quelques réflexions sur le papier.

II. — Importance du manuscrit.

Si le document était seulement le texte définitif de la constitution, il aurait déjà, à raison des notes manuscrites de Robespierre, un réel intérêt ; mais il porte pour titre général :

« CONSTITUTION FRANÇAISE, PROJET PRÉSENTÉ A L'ASSEMBLÉE NATIONALE PAR LES COMITÉS DE CONSTITUTION ET DE RÉVISION. »

Il s'agit donc du projet lui-même de la constitution de 1791, ainsi que l'atteste encore le millésime 1791, qui est imprimé au bas du titre.

Ce document n'est donc autre que l'exemplaire du projet de constitution que Robespierre a eu en mains, lors des discussions de la Constituante.

En effet, ainsi qu'on peut le constater en se rapportant au tome IX de la réimpression de l'ancien *Moniteur*, pages 362 et 574, ces notes sont les plans de deux discours de Robespierre à cette assemblée.

Le premier a été prononcé le mercredi 10 août 1791, sur les pouvoirs publics ; le second, qui traite du marc d'argent comme condition requise pour être électeur, a été prononcé le lendemain jeudi, 11 du même mois et de la même année.

L'Assemblée Constituante, avant de soumettre la consti-

tution à l'adhésion de Louis XVI, résolut de la lire tout entière, pour juger de l'ensembe et pour mettre en harmonie toutes ses parties. C'est là ce qu'on nomma la révision. Robespierre prononça les deux discours dont il s'agit dans la période de cette révision.

III. — Des pouvoirs publics.

Sur la *Déclaration des droits de l'homme et du citoyen* et sur les deux premiers titres du projet, Robespierre ne fait aucune observation ; mais au titre troizième, *des pouvoirs publics*, le célèbre révolutionnaire commence ses remarques.

« Art. Ier du projet. — La souveraineté, est une, indivisible, et appartient à la nation ; aucune section du peuple ne peut s'en attribuer l'exercice. »

« *Il n'y a q* », ajoute Robespierre ; mais, mécontent de cette première rédaction, il s'arrête et se reprend ensuite dans une deuxième note : « *Si la nation aliénait de quelque manière que.* » Ici Robespierre s'arrête encore et biffe d'un trait de plume sa deuxième rédaction.

« Art. II du projet. — La nation, de qui seule émanent tous les pouvoirs, ne peut les exercer que par délégation. La constitution française est représentative : les représentants sont le corps législatif et le Roi. »

Après ces mots *le roi*, Robespierre met deux rangs de points de suspension et il ajoute dans une note :

« On fait plus ; on anéantit la souveraineté même ; aucune section du peuple ; le peuple s'en attribue l'exercice , quand il dit : la nation ne peut les exercer que par délégation. Remarquez bien que ce sont vos comités qui ont violé la constitution et moi qui la défends. »

Les termes de cette note sont assez incohérents ; mais nous pouvons néanmoins entendre ce que veut dire Robespierre : il trouve une contradiction entre le premier et le deuxième article du titre en question. Selon Robespierre, dire que la nation n'exerce sa souveraineté que par délégation, c'est anéantir sa souveraineté. Deuxièmement, par le fait même que la nation délègue sa souveraineté, elle s'attribue un acte de l'exercice de celle-ci. Les comités de constitution et de révision sont donc tombés dans une contradiction.

Robespierre ajoute :

« Le pouvoir législatif, le pouvoir judiciaire, le pouvoir exécutif sont des parties du pouvoir souverain, divisé sous le rapport des divers objets auxquels il s'applique. »

L'art. III du titre est ainsi conçu :

« Le pouvoir législatif est délégué à une Assemblée Nationale composée de représentants temporaires, librement élus par le peuple, pour être exercé par elle, avec la sanction du Roi, de la manière qui sera déterminée ci-après. *»*

« Remarquez, dit Robespierre, je vous prie, que le pouvoir législatif ne peut être délégué de cette manière, car il est l'essenc

même de la souveraineté. (Rousseau.) Il n'y aurait plus même l'ombre de volonté générale, puisque l'on suppose ici que le Roi partage cette délégation du pouvoir législatif. »

Art. IV du projet : « Le gouvernement est monarchique : le pouvoir exécutif est délégué au Roi, pour être exercé, sous son autorité, par des ministres et autres agents responsables, de la manière qui sera déterminée ci-après. »

Robespierre ajoute en note :

« Le pouvoir doit être bien distingué des fonctions ; la nation délègue en effet les diverses fonctions publiques ; mais le pouvoir ne peut être aliéné, ni délégué. Si l'on pouvait déléguer ces pouvoirs en détail, il s'en suivrait que la souveraineté pourrait être déléguée ; et alors vous adopteriez ce qu'a proposé (le comité, mot biffé) M. Malouet ; vous feriez plus : vous décréteriez qu'elle peut être aliénée, car la délégation est perpétuelle. Ni convention, ni aucun moyen pour réformer les abus du corps législatif. »

Cette remarque, qui termine la série des notes sur les pouvoirs publics nous fait bien entrevoir, quels étaient, dès 1791, les projets du futur conventionnel.

Malouet, dont il est parlé dans cette note, fut, avec l'appui de Barnave et des Lameth le défenseur des prérogatives royales, lors de la révision de la constitution. Mais le plan qu'il avait concerté en secret avec eux ne put aboutir en présence de l'intolérance des partis. (Thiers, *la Révolution française*, chap. VI.)

IV. — Le droit électoral.

Ce n'est qu'à l'article 2 de la section deuxième du chapitre I, où sont développés les principes formulés en tête
du titre Ier, que nous trouvons encore des notes manuscrites de Robespierre.

L'article 2 en question énumère les conditions requises
pour être électeur.

« Pour être citoyen actif, il faut :

Etre Français ou devenu Français ;

Etre âgé de 25 ans accomplis ;

Etre domicilié dans la ville ou dans le canton, au moins
depuis un an ;

Payer, dans un lieu quelconque du royaume, une contri-
bution directe au moins égale à la valeur de trois journées
de travail, et en représenter la quittance ;

N'être pas dans un état de domesticité, c'est-à-dire de
serviteur à gages ;

Etre inscrit dans la municipalité de son domicile, au
rôle des gardes nationales ;

Avoir prêté le serment civique. »

A cet article, Robespierre a accolé une longue note ; il
commence par dire : « *limiter les.* » Mais mécontent de
cette première tournure, il reprend sa phrase ainsi qu'il
suit :

« *Le motif de supprimer le marc d'argent s'applique avec plus de force encore à ce qui concerne les électeurs. Quel peut-être le motif? De laisser la conscience (consiance) libre : mais le choix des électeurs est aussi l'ouvrage de la conscience (consiance). De prévenir l'aristocratie des richesses : mais vous l'introduisez encore plus sûrement. Les électeurs choisissent ordinairement dans leur sein ; et par le fait il n'y aura que les gens au marc d'argent qui soient élus. Les citoyens actifs n'iront pas. Réfutation du motif. Les richesses corrompent plus que la pauvreté. Ce serait plutôt les millionnaires qu'il faudrait exclure que les gens à dix journées d'ouvriers.*

« *Ce décret est votre propre satire. Ceux qui vous ont élus peuvent-ils être dépouillés par vous?*

« *La prochaine législature ne vaudra donc rien.*

« *Que signifie votre garantie de l'égalité des droits ? L'admissibilité à tous les emplois. Qu'importe que vous ayez supprimé la Noblesse! Quelle était la garantie d'Aristide ; quelle était la garantie de Rousseau. Un député riche veut augmenter sa fortune ; un député pauvre veut être libre.* »

Robespierre termine enfin sa réfutation :

« *Contradiction des comités. Le ministère ; la législature : ils croient qu'il n'est permis de..... ils croient qu'une incompatibilité qui résulte de la nature même de la chose, peut empêcher la perpétuité de la coalition du corps législatif avec le roi contre la nation, et ils ne trouvent aucun inconvénient à exclure les représentants de.....* »

Ces mots « *exclure les représentants* » sont biffés.

V. — Notes diverses.

L'article 8 de la section troisième du chapitre III, est ainsi conçu :

« Ne sont néanmoins sujets à la sanction (royale) les actes du corps législatif, concernant sa constitution en assemblée délibérante ; sa police intérieure, etc. etc. »

Robespierre ajoute :

« *Les décrets portant réunion au domaine des biens natio- naux aliénés contre les formes.* »

Il nous faut maintenant aller au chapitre V, *du pouvoir judiciaire*, pour trouver, à l'article 9, une note de Robes- pierre.

Il veut que le tribunal de cassation ait à se prononcer

« *Sur les demandes en cassation de titres d'aliénation ou d'échange des biens nationaux aliénés ou échangés contre les formes. Ces demandes seront formées par l'Assemblée natio- nale.* »

Au titre IV, *de la force publique*, Robespierre écrit :

« *Il appartient au corps législatif de déterminer le nombre des troupes et d'en fixer la solde.* »

Le document porte encore à la fin cette note de Robes- pierre :

« *La manière dont les communes peuvent être assemblées, n'est pas déterminée.* »

VI. — Une perte regrettable.

La perte des pages 41 et 42 du document est très regrettable. Il devait y avoir sur ce feuillet des notes relatives à l'article 10 de la section deuxième du chapitre III, car lors de la révision de la constitution, Robespierre prononça, le lundi 15 août, un troisième discours au sujet de cet article.

Ce discours se trouve à la page 407 de la réimpression de l'ancien *Moniteur*, tome IXe.